KO Tropfen - heimlich beigemischt

Ich bin auf einem alten kleinen Bauernhof in Bayern aufgewachsen. Der Hof warf aber nicht viel ab, deshalb suchte ich mir in einer nahegelegen Fabrik eine neue Arbeit und konnte als Staplerfahrer anfangen. Es war besser wie nichts.

Da für Arbeiten im Außendienst am Vermessungsamt in Coburg eine Stelle ausgeschrieben war, bewarb ich mich kurzerhand.
Gerade für diese Tätigkeiten wurden sehr gerne naturverbundene und hier vor allem Landwirte eingestellt. Da es aber in der Ausschreibung um eine Stelle als Saisonarbeiter handelte, machte ich mir schon Gedanken, meine alte und feste Stelle in der Fabrik hierfür aufzugeben.
Ich bewarb mich und wurde auch eingestellt. Die Arbeit im Außendienst machte mir auch sehr viel Freude.
Da man wohl mit meiner Arbeit zufrieden war, wurde mein Arbeitsverhältnis zuerst auf zwei Jahre und dann in eine

Festeinstellung umgewandelt. Ich hatte echt Glück.

Da das nahe Thüringen trotz der innerdeutschen Grenze schon immer meine Aufmerksamkeit hatte, entschloss ich mich darüber einen Diavortrag zusammen zu stellen um diesen über unsere Volkshochschule, den Vereinen und Senioreneinrichtungen anzubieten. Gerade solche Bilderschauen sind auch gern gesehene Abwechslungen im Leben in den Seniorenheimen.
Für die Vereine stellten solche Vorträge den Grundstock für ihre Vereinsausflüge und bieten außerdem in den Wintermonaten etwas an Unterhaltung für ihre Mitglieder.
Mit den Jahren erstreckten sich meine Vorträge über ganz Deutschland sowie auch interessante Gebiete in Europa. So besuchte ich den Gardasee, die Niederlande, Österreich, Schweiz, die Cote de Azur und nicht zuletzt Norwegen mit seinem Nordkap.

Das böhmische Bäderdreieck um Bad Marienbad, Bad Franzensbad und der

Stadt Karlsbad standen nun auf meinem Plan, denn es wurde mir immer wieder gesagt, wie schön es da wäre.

Über diese Reise möchte ich nun näher eingehen:

Schon seit Jahrhunderten fahren Menschen aus der ganzen Welt ins westböhmische Bäderdreieck, um hier neue Kräfte zu tanken, sich auszuruhen und dem müden Körper etwas Gutes zu tun. Die mineralhaltigen Heilquellen werden erfolgreich zur Behandlung von Erkrankungen des Bewegungsapparates, Herz- und Gefäßkrankheiten, sowie bei Unfruchtbarkeit eingesetzt. Zwischen den einzelnen Kuren kann man sich die Zeit mit Golfspielen, Radfahren und Reiten vertreiben. Tschechien gehört sozusagen zu den Kurweltmächten, was nicht zuletzt in herrlichen und einzigartigen natürlichen Ressourcen, Spitzen-Pflege, modernster Medizintechnik und eleganten Kurstädten begründet liegt. Bereits im 19. Jahrhundert waren die tschechischen Kurstädte in aller Munde und man nannte sie die „Salons

Europas". Damals fuhren die berühmtesten Persönlichkeiten nach Tschechien zur Kur; darunter Goethe, Chopin, Metternich, Twain, der britische König Eduard VII. und der russische Zar Peter der Große.

Neben den drei Bäderorten erstreckten sich meine Vorbereitungen auch auf Cheb, welches früher Eger hieß.

So ließ ich mir von jedem Ort spezielle Prospekte und Lektüre zukommen, um mich hier einzulesen. Diese Arbeit nahm ich schon immer sehr ernst und sie war auch der Grundstock für einen neuen Vortrag. Hierbei machte ich mir auch zu den Bädern und natürlich auch zu Cheb ausführliche Listen, wo alle Sehenswürdigkeiten und Besonderes vermerkt waren. Sie bildeten die Grundlage für geplante Fotoaufnahmen vor Ort. Da ich meine Vorträge immer mit großem Idealismus erstelle, nahm ich mir auch für jeden Ort ein paar Tage Urlaub, um auch wirklich nichts zu vergessen.

Das Bad Marienbad war mein erster Anlaufpunkt und hier möchte ich noch

etwas in die Entstehungsgeschichte eingehen.

Bad Marienbad (Marianske Lazne) mit seinen 15 000 Einwohnern verfügt allein in den Kurhäusern über 1 250 Gästebetten. Der Name Bad Marienbad leitet sich ganz belanglos von einer Quelle ab über der früher ein Marienbild an einem Baum hing.
Es ist eine architektonische Perle inmitten einzigartiger Kurparks. Man sagt, Bad Marienbad sei die größte und schönste Gartenstadt in der Tschechischen Republik. In der Stadt und in der näheren Umgebung entspringen um 140 kalte Mineralquellen.

AF125026

Die zahlreichen hier sprudelnden Quellen flossen einst ungenutzt ab. Ihre Heilwirkungen waren aber den Mönchen des Tepler Klosters bekannt, die eine chemische Analyse der einzelnen Quellen durchführen ließen, die Quellen reinigten und Zugangswege schufen. Erst ab dem Jahre 1989 wurde Bad Marienbad wieder offiziell für Ausländer geöffnet.

Das Heilbad Bad Marienbad wurde bereits 1808 von dem Abt und Arzt Dr. Johann Nehr aus dem Kloster Tepla aus einer ehemaligen Siedlung gegründet und bietet Erholung für Körper und Geist. Es bietet natürliche Heilmittel, ein zeitgemäßes Kurkonzept, Diät- und Fitnessangebote bei einem günstigen Klima und beruhigende Kurparks. Eine Büste des Abtes steht beim Kreuzbrunnen.

Im zweiten Weltkrieg war die Stadt voll Lazarette. Nach Bad Marienbad siedelte sogar das Krankenhaus aus Berlin über und die Aufenthalte in der Kurstadt wurden mit strikten Vorschriften beschränkt. Am Ende des Krieges

befand sich die Stadt in einem trostlosen Zustand und sie war mit Flüchtlingen überfüllt.

Der Ruf von Bad Marienbad ist auf dem Reichtum seiner natürlichen Heilquellen gegründet. Vor mehr als 200 Jahren war das Tal in dem Bad Marienbad liegt voller Sümpfe und Moore, umgeben von undurchlässigen Wäldern.

Das Zentrum des Lebens war schon immer die Kolonnade (Säulengang der Wandelhalle) der Karolinenquelle. Die Haupt- Kurkolonnade von 1888 trägt eine Gusseisenkonstruktion und wurde in der Eisenhütte Blansko hergestellt. 1989 wurde eine teure Kopie der Kolonnade nachgebaut.

Ende des 19. Jahrhunderts kamen teilweise so viele Gäste nach Bad Marienbad, so dass auf den Promenaden Schilder aufgestellt wurden, auf denen „Rechts gehen" stand, um die Massen auf den Straßen einigermaßen zu koordinieren.

Die heute 40 Marienbäder kalten Mineralquellen (9-12 Grad) (Säuerlinge) wurden erst 1528 entdeckt und haben kaltes Heilwasser, dass für Trinkkuren, Inhalationstherapie und Bäder genutzt wird. Mit der näheren Umgebung sind es sogar zirka 140 Mineralquellen. Aus den Quellen sprudeln täglich ca. 400.000 Liter wohltuendes und heilendes Wasser.

Die singende Fontäne ist die Rarität Bad Marienbads. Sie „singt" meistens jede ungerade Stunde und die Komponisten klingen in einer regelmäßigen Reihenfolge von Ende April bis Oktober. Zum ersten Mal ertönte die Fontäne am 30. April 1986.

Bekannt ist auch Mariengas, eine echte „Marienbader Spezialität! Es handelt sich um ein Gas vulkanischen Ursprungs, das 99,7 % CO_2 enthält und in Form von trockenen Gasbädern (Gasumschlägen) verabreicht wird.

Das Gas führt zu einer Gefäßerweiterung und beeinflusst direkt die Rezeptoren in der Haut. Es verbessert die Durchblutung, wirkt entzündungshemmend, beschleunigt die Heilung bei Wunden und wirkt positiv auf die Nierenfunktion. Das Mariengas stimuliert weiter auch die Produktion der Sexualhormone, Testosteron und Östradiol und wird deshalb mit Erfolg für die Verbesserung der Sexualfunktionen bei Männern sowie Linderung klimatischer Symptome bei Frauen angewandt.

Wegen seiner 90 ha großen Parkanlage trägt Marienbad auch den Beinamen „Stadt in einem Meer von Grün". Alles liegt in einem Garten, die eleganten Kurhotels im Jugendstil, die Einkaufsstraße und das Casino. Ein ausgedehnter Spaziergang im gepflegten Kurpark oder im nahe gelegenen Wald – Marienbad ist der ideale Platz zum Regenerieren.

Das mächtige luxuriöse Neorenaissance Nichtraucher-Kurhotel Nové Lázne (Neues Bad) befindet sich direkt im Zentrum des Kurviertels der Stadt in unmittelbarer Nähe der Kurkolonnade.

Das 1896 eröffnete Haus zählt zu den architektonisch schönsten Gebäuden von Marienbad und war von Anfang an das Zentrum der Kurbehandlungen der Stadt. Das Hotel verfügt über knapp 100 Zimmer und vereint Tradition und modernen Komfort. Als Besonderheit gilt das Kohlensäurebad in der „Königskabine", in ihr badete auch der englische König Edward VII.

Natürlich zeugen diese Aussagen, dass Marienbad wirklich sehenswert ist und daher in meinem Diavortrag eine besondere Rolle spielte. Das Fotografieren machte mir keine große Mühe, da fast alle Sehenswürdigkeiten ziemlich zentral liegen. Die vorgesehenen 3 Tage reichten voll aus um hier wirklich alles genau zu erkunden und per Foto festzuhalten.

Bad Franzensbad ist mit seinen rund 5000 Einwohnern als ehemalige Freie Reichstadt das kleinste Bad des Westböhmischen Bäderdreiecks. Es liegt im Herzen des Egerlandes in unmittelbarer Nähe der deutschen

Grenze.

Ähnlich wie Karlsbad und Bad Marienbad ist Bad Franzensbad an Mineralquellen und anderen Naturschätzen sehr reich. Am 27. April 1793 genehmigt Franz I. konkrete Baupläne des Kurdörfchens mit ihren öffentlichen Bauten. Diesen Tag hält man für das Gründungsdatum Franzensbad.

Erst 1807, als eine ordentliche Gebühr bezahlt wurde, erhält „Kaiser Franzensbad" seinen offiziellen Namen Franzensbad. So verdankt es eben seinen Namen dem Österreichischen Kaiser Franz I. - dem Schwiegervater Napoleons.

Bis heute hat es seinen Kurcharakter, historische Architektur und schöne Parkanlagen erhalten. Obwohl die Heilquellen bereits seit dem Mittelalter bekannt sind, wurde die Stadt erst 1793 von einem regional ansässigen Arzt gegründet. Bereits um 1850 war Franzensbad eine Kurstadt von internationalem Rang. Beethoven, Herder und selbst Goethe waren seine Gäste. Die Franzensquelle ist die älteste Quelle vom Jahre 1793, gefasst in einem Pavillon aus dem Jahr 1832.

Das Symbol des Kurortes ist die Statue eines kleinen nackten Jungen der einen Fisch hält und auf einer Kugel sitzt – Frantisek (Franz), welche ursprünglich im Garten des Kurhauses Esplanade stand. Nach dem Jahre 1945 wurde der Franzl zur Franzensquelle versetzt. Es wurde gesagt, dass die Patienten, die die Statue an der richtigen Stelle berühren, schwanger werden, denn der Franzl sei die mächtigste von allen Gesundheitsquellen. Die Statue wurde so oft berührt, dass bereits bis heute schon drei neue Kopien angefertigt werden mussten. Das Original steht im Museum.

Bad Franzensbad ist von Natur mit hochwertigen Mineralquellen und erstklassigem Moor gesegnet. So ergeben sich beste Kurmöglichkeiten für Erkrankungen des

Bewegungsapparates, Herz-Kreislauf und Gefäßerkrankungen sowie Unfruchtbarkeit und gynäkologische Erkrankungen.

Die Bad Franzensbader Quellen, deren hervorragende, gesundheitsfördernde Qualität bereits im Jahre 1502 entdeckt wurde, gehören zu den natürlichen, heilenden Mineralwassern. Im Quellenkomplex gibt es 24 aktive Mineralquellen, zwischen 10,1 und 12,5 Grad Celsius, mit unterschiedlichster Konzentration an Mineralien.

So ist es kein Wunder, dass auch Bad Franzensbad einen breiten Raum in meiner Dokumentation eines Diavortrages ausfüllte. Hier sind im Ort auch sehr viele alte Villen und historische Gebäude im noblen Weiß gehalten.

Eger oder Cheb als Perle Westböhmens, gehört mit seinen über 30 000 Einwohnern zu den ältesten Städten in Tschechien. Das historische Stadtzentrum steht unter Denkmalschutz. Die Sehenswürdigkeiten

Chebs liegen alle in der Altstadt, das Gros sogar rund um den Marktplatz.

Als Erbschaft hat sie im Jahre 1157 Kaiser Friedrich Barbarossa erworben, der hier eine Kaiserpfalz (Burg) aufbauen ließ. Die Dominante der Ostseite des Marktplatzes ist das neue barocke Rathaus, das in den Jahren 1723 - 1728 gemäß einem Entwurf des Prager Hofarchitekten Giovanni Battista Alliprandi errichtet wurde. Das Gebäude, obwohl es ein Torso blieb, ist mit seiner Palastdisposition und der Stuck- und Bildhauerverzierung des Interieurs einer der gelungensten Barockarchitekturen in der Stadt. Seit 1962 ist hier die Staatsgalerie der bildhaften Kunst untergebracht

In allen größeren Städten Tschechiens hat jedes Haus zwei Nummern. Die weiße Nummer auf blauem Hintergrund ist die eigentliche Hausnummer. Die Zahl auf rotem Hintergrund ist die Nummer, unter der das Haus im Grundbuch eingetragen ist.

Den Zeitpunkt für die Aufnahmen in Cheb wählte ich, als die Stadt mit dem benachbarten Marktredwitz eine gemeinsame Gartenschau ausrichtete. Bei der großen grenzenlosen Gartenschau Marktredwitz - Cheb/Eger erwartete die Besucher vom 24. Mai - 24. September 2006 nicht nur eine Landesgartenschau in einer Stadt, sondern eine gemeinsame, grenzüberschreitende Gartenschau in zwei Städten, zwei Regionen, zwei Ländern, zwei Sprachen und zwei Kulturen, eben in Marktredwitz in Bayern und Cheb/Eger in Tschechien.

Die Idee einer grenzüberschreitenden Gartenschau Bayern – Tschechien war so überzeugend, dass die Bayerische Gesellschaft zur Förderung der Landesgartenschauen sich zur Durchführung der Schau „Marktredwitz – Eger (Cheb)" entschieden hat.

Als Ideengeber und Projektentwickler lag die besondere Herausforderung in der Überwindung von Grenzen und der Vermittlung gegenseitiger Chancen. Von der Idee bis zur Umsetzung war es ein langer Weg. Neben der Anwendung klassischer Planungsinstrumente kam es darauf an, Kontinuität in der Zusammenarbeit zu gewährleisten und das gemeinsame Ziel nicht aus den Augen zu verlieren.

So machte auch ich mich am Freitag den 26. Mai 2006 auf nach Cheb um Fotos zu machen. Gleich nach der Ankunft ging ich in die hiesige Gartenschau. Recht schnell waren mehrere Diafilme voll geknipst, denn immer wieder war ich über den Anblick der bunten Beetanlagen überrascht. Das Wetter zeigte sogenannte Schäfchenwolken, die Fotografen am liebsten hatten. Die hoch stehende Sonne tat noch ihres dazu.

Am Nachmittag ging ich auf dem Marktplatz, denn hier stehen die meisten Sehenswürdigkeiten. Schon das bunte Bild der historischen Häuser ergibt ein markantes Gesamtbild.
Am unteren Teil des Marktplatzes befindet sich eine selbständig stehende Gruppe aus elf mittelalterlichen Häusern,

der sogenannte Stöckl (Špalíček). Ursprünglich standen hier hölzerne Marktbuden, die erstmalig 1273 erwähnt werden.

Die architektonischen Schätze der Stadt möchten gleichsam daran erinnern, dass in Eger Balthasar Neumann, der bedeutende Bauherr 1687 geboren wurde.

Das Gabler-Haus gehört durch seine reich gegliederte und verzierte Rokokofassade zu den wertvollsten Ergebnissen der barocken Umbauten im 18. Jahrhundert. In der 2. Hälfte des 17. Jahrhunderts gehörte das Haus den Jesuiten, die unter dem Portal ein Relief mit dem Bildnis der Jungfrau Maria anbringen ließen. Hier wohnte 1821 Wolfgang von Goethe. Das vergoldete Relief der Mutter Gottes über dem Torbogen erinnert an die Jesuiten, die das Gebäude in der 2. Hälfte des 17. Jahrhunderts in Besitz hatten.

Auf dem Tschechen Markt feilschte ich um eine gefälschte Rolex Uhr, die ich dann für 25.- Euro erwarb.

Etwas erschöpft kam ich im teuersten Hotel in der Nähe des Marktplatzes an, denn ich wollte so gut es ging sicher unterkommen. Es war zwar das nobelste Hotel der Stadt, aber in Euro umgerechnet, sehr günstig gewesen.

Da mir die Speisekarte am Abend hier nicht zusagte, ging ich die paar Meter ins Zentrum von Cheb und fand auch gleich ein einladendes Speiselokal. Zu meinem Schweinebraten mit Böhmischen Knödeln trank ich zwei Radler und zur Verdauung einen Becherovka, da mir nach dem Essen doch etwas schlecht wurde und ich dann plötzlich wie weggetreten war. Wie ich erst viel später erfuhr, lag das Unwohlsein nicht am Schweinebraten, sondern an denen mir im Essen verabreichten KO-Tropfen. Die Gäste und der Wirt bemerkten gleich, dass ich Deutscher bin und mit mir etwas nicht in Ordnung war. Mit solchen Tropfen werden wohl öfters ausländische Gäste ruhig gestellt und ausgeraubt.

Erst am nächsten Tag erfuhr ich, dass es auch mich erwischt hatte, in die Fänge von Verbrechergruppen geraten zu sein. Als ich erst so gegen Mittag am nächsten Tag so langsam aus der Bewusstlosigkeit erwachte, schaute ich erstaunt, wo ich hier gelandet war. Eine Frau - sprich eine Krankenschwester -

sagte mir, ich wäre im Krankenhaus in Waldsassen. Nach und nach erfuhr ich, was überhaupt geschehen war und wie ich hierher kam.

Ein Rettungswagen brachte mich von der Innenstadt von Cheb ins Krankenhaus nach Waldsassen. Die Rettungskräfte waren um 23:47 Uhr verständigt wurden, dass sich eine Person, wohl betrunken und verletzt, in der Nähe des Marktplatzes von Cheb aufhalte. Sie stellten bei ihrer Ankunft nur 4 Minuten später Trunkenheit, Nasenbluten und eine Störung des Bewusstseins bei mir fest. Da dies wohl in Tschechien an der Tagesordnung ist, waren auch keine Zeugen mehr anzutreffen. Es ist üblich, dass deutsche Touristen in Tschechien gleich abgeschoben, sprich gleich nach solchen Aktionen nach Deutschland gebracht werden. Im Krankenhaus Waldsassen kam ich demnach um 0:55 Uhr an. Ich war brutal überfallen ausgeraubt und heftigst zusammengeschlagen worden.

Der untersuchende Arzt verordnete mir ein starkes Schlafmittel, ein Antidepressivum, Antipsychotikum und ein Mittel gegen Alkoholentzug.

Als ich so gegen 12:00 Uhr am nächsten Tag endlich wieder so langsam das Bewusstsein erlangte, erklärte man mir, was wohl geschehen sei. Erstaunt war ich allerdings, dass ich am Bett fixiert war und zwar an Beinen und Händen. Ich steckte in einer Zwangsjacke und das obwohl ich schon seit Jahren mit krankhafter Platzangst zu kämpfen hatte. Ein Arzt meinte, dies sei zu meinem eigenen Schutz, da ich extrem unkontrollierbar, aggressiv und kaum ansprechbar war. Erst später erfuhr ich dass ich im Krankenhaus ausbüxen wollte, wohl in der Angst, dass immer noch diese Verbrecher hinter mir her seien.
Die Diagnose im Krankenhaus ergab Alkoholvergiftung, Gehirnerschütterung, Schädelprellung und eine Nasenfraktur. Bei den Untersuchungen wurde außerdem auch festgestellt, dass mir mit

Sicherheit KO-Tropfen verabreicht wurden. Diese waren wohl auch die Ursache meines Alkoholgehaltes von 1,52 Promille.

Ich erfuhr weiterhin auch, dass meine Frau um 3:00 Uhr verständigt wurde, dass ich auf der Intensivstation des Krankenhauses in Waldsassen liege. Es wurde ihr auch gleich von meinem Überfall in Cheb berichtet. Unser Sohn Jens ließ daraufhin in der früh meine Bahnkarten, sowie auch die Handynummer aus Vorsicht gleich sperren.

Meine Frau und mein Sohn mit seiner Frau machten sich am nächsten Morgen gleich auf dem Weg nach Waldsassen. Es war nicht viel zu organisieren, da es ja ein Samstag war. Erst viel später erzählten sie mir, dass ich wohl mit ihnen gesprochen hätte und auch zu Scherzen aufgelegt war. Sie erzählten mir, dass ich auch sehr merkwürdige Aussagen gemacht hätte. Alle meine Ausführungen fanden in meinem Unbewusstsein statt, denn die

KO-Tropfen hatten sehr lange ihre Wirkung. Im Krankenhaus wurde meiner Frau auch ein Formular über ärztliche Leistungen zum Unterschreiben vorgelegt. Sie unterschrieb natürlich in ihrer Aufregung das Formular mit Chefarztbehandlung. Diese hatte aber gar nicht stattgefunden. In erster Linie ging es ja um meine Gesundheit und ich war hier in der Intensivstation untergebracht, was schon allein aussagt, da es doch sehr kritisch war.

KO-Tropfen oder Knockout-Tropfen sind Zubereitungen aus narkotisierend wirkenden Stoffen, die im Rahmen von Straftaten genutzt werden, um die Opfer zu betäuben und damit wehrlos zu machen. Sie werden den Opfern unbemerkt in ihre Nahrung oder Getränke gemischt. Nach dem Erwachen können sich die Opfer häufig aufgrund von Gedächtnislücken für die Wirkungszeit nicht mehr an die Tat oder den Tathergang erinnern.

Die entsprechenden Wirkstoffe werden zum Teil therapeutisch als Schlaf- oder

Beruhigungsmittel genutzt. Hinsichtlich der Gefährlichkeit sind vor allem Barbiturate sowie GBL und GHB bei Überdosierung lebensgefährlich, da die Gefahr eines Atemstillstands besteht, während Benzodiazepine eine größere therapeutische Breite haben.

Die Verabreichung von KO-Tropfen ist strafbar und begründet für sich genommen, bereits den Tatbestand der gefährlichen Körperverletzung.
Der unerlaubte Besitz, z. B. von GHB, begründet zudem eine Strafbarkeit nach dem Betäubungsmittelgesetz.

Meine Frau brachte auch meine Remergil sowie Cipramil - zwei Antidepressiva- und Tavor gegen Angstzustände mit, welche ich regelmäßig einnehmen muss. Diese Tabletten musste sie aber an der Krankenstation abgeben, damit eine gewisse Überdosis mit den bisher vom Krankenhaus verabreichten Mittel ausgeschlossen war.
In einem direkten Gespräch mit dem wachhabenden Stationsarzt wurde

meiner Frau über die gesamte Lage informiert. Er meinte doch, dass ich Glück hatte, so schnell in Cheb gefunden worden zu sein und hier ins Krankenhaus gebracht wurde. Dem Arzt war auch bekannt, dass es gerade in Cheb mehrere verbrecherische Gruppen gebe, die Männer zusammenschlagen und ausrauben und deren Frauen dann mit den gestohlenen Kreditkarten die Konten abräumen. Durch die Verabreichung von KO-Tropfen wird auch die PIN-Nr. der Kreditkarten herausbekommen.

Meine Angehörigen fuhren weiter nach Cheb zum Hotel, dessen Namen sie auf meinem Terminkalender gefunden hatten. Zwar hatte ich nicht eine Minute im Hotelbett gelegen, doch der Hotelier verlangte das Geld für zwei Übernachtungen. Er hatte sich gewundert dass ich nicht zum Frühstück kam, sich aber nicht weiter darum gekümmert.
Natürlich erkundigte sich meine Frau beim Hotelier ob ich eventuell Damenbesuch oder gar leichte Mädchen

mit auf mein Zimmer genommen hätte. Dies verneinte er und meinte, dass solche Mädchen nicht in seinem Haus geduldet seien und somit keinen Zutritt hätten.

Mein Autoschlüssel lag noch auf dem Tisch, sodass sie mein Auto und die anderen Sachen auch mitnehmen konnten.

Noch am Vormittag wurde ich auch von einem Polizeikommissar aus Waldsassen verhört. Das Gespräch fand für mich wieder nur in meinem Unterbewusstsein statt. Wie ich später erfuhr, erkundigte sich der Beamte hauptsächlich nach leichten Mädchen, die es in Cheb sehr häufig gebe. Hier konnte ich aber versichern, keinen Kontakt mit Prostituierten gehabt zu haben. Er gab mir auch die Auskunft, dass in Cheb Bedienungen und Wirtsleute mit den Verbrecherbanden zusammenarbeiten und hier die KO Tropfen verabreichen.

Erst so um die Mittagszeit erlange ich langsam wieder das Bewusstsein und war natürlich erschrocken, wie ich hierher kam und was passiert war. Durch die Fixierung war es mir auch kaum möglich überhaupt größere Bewegungen zu machen. Es kann sich wohl Jeder vorstellen, wie ich leiden musste, denn meine krankhafte Platzangst wurde hierdurch noch erhöht. Bei der Visite hatte der Stationsarzt erzählt, dass er die mitgebrachten Medikamente durchgesehen hatte und daraufhin wenigstens die Fixierungen an den Armen lösen lassen.

Der Arzt meinte, dass ich Glück gehabt hätte, denn wenn man zu viele Tropfen verabreicht bekommt, so kann es leicht sein, dass man nicht mehr aufwache.

Da es bei mir nun einigermaßen ging, wurde auch noch eine Computertomographie des Kopfes von einem Radiologen durchgeführt. Er stellte kleine Unregelmäßigkeiten fest, was eben eine Gehirnerschütterung und die von außen schon zu sehenden Ödeme um den Augenbreich ausmachten.

Erst jetzt hatte ich Gelegenheit einmal in einem Spiegel zu schauen und es kann sich kaum jemand vorstellen, welchen Schreck es in mir auslöste. Zwar hatte ich keine Brille auf, da auch diese beim Überfall kaputt ging, aber schon die blutunterlaufenden Augenringe trieben mir Tränen in die Augen. Es löste in mir einen Weinkrampf aus, aber dies war mir in diesem Moment egal. Der Krankenschwester gelang es schließlich mich wieder einigermaßen zu beruhigen und mich ins Zimmer zu bringen. Ich bat auch noch einmal bei meiner Frau anrufen zu dürfen um ihr meine Besserung mitzuteilen. Auch jetzt wurde mir noch einmal ein Formular über ärztliche Wahlleistungen vorgelegt, welches ich ohne genauerem Hinschauen auch unterschrieb. Erstens war ich noch ziemlich angeschlagen und zweitens hatte ich ja auch keine Brille mehr, dass sie beim Überfall kaputt gegangen war.

Natürlich ging es mir auch durch den Kopf, wieviel Geld die Verbrecher wohl schon abgehoben hatten und was noch alles gestohlen wurde. Die Ungewissheit blieb, denn ich hatte keine Möglichkeit, etwas hierrüber in Erfahrung zu bringen. Zum Einschlafen wurde mir wieder ein starkes Schlaf- und Beruhigungsmittel, sowie meine eigene Medizin verabreicht.

Am nächsten Tag konnte ich auch schon etwas zum Frühstück essen, aber die Schmerzen, gerade im Kopfbereich waren schon noch erheblich. Bei der Visite spielte ich sie etwas herunter, denn ich rechnete mir aus, doch recht bald wieder aus dem Krankenhaus entlassen zu werden. Der Arzt meinte, jetzt könne die Fixierung an meinen Beinen auch noch entfernt werden, denn es bestand wohl auch keine Gefahr mehr, dass ich randalieren würde. Noch besser kam seine Aussage an, dass ich von der Intensivstation auf die normale unfallchirurgische Station verlegt werden könne.

Das Zimmer war mir schon etwas sympathischer, denn auf der Intensivstation machten mir schon die vielen Apparate und Geräte Angst und Schrecken. Auf der Normalstation kam ich wieder in ein Einzelzimmer. Natürlich freute ich mich besonders über ein Fernsehgerät, denn es wurde mir langsam etwas langweilig. Doch die Freude währte nicht lange, denn ich fand auch hier einfach keine Ruhe. Schweißgebadet wachte ich am Nachmittag auf und eine innere Unruhe lies nicht von mir ab. Es kann sich keiner vorstellen, wie es mir in diesen Stunden ging. Alle paar Minuten wechselte ich die Sitz- oder Liegeposition in meinem Bett. Auch das Fensterbrett musste hierfür herhalten. Es wollte einfach keine Ruhe einkehren. Immer wieder kamen mir die Gedanken, wie es zu dem Überfall und seinem Hergang gekommen sein könnte. Das Ganze war auch mit Weinkrämpfen begleitet. Auch der Krankenschwester fiel mein Zustand auf und sie verständigte den Stationsarzt. Er meinte, dass man solch ein Trauma wohl nicht in ein paar Tagen verarbeiten könne und es noch Wochen oder Monate, wenn nicht sogar Jahre dauern würde, ehe sich wieder Normalität einstellen werde. Er verabreichte mir eine Beruhigungsspritze, denn solch einen Zustand könne man nicht mit Tabletten bewältigen. Für den Abend, sprich der Nacht, verordnete er mir ein starkes Einschlafmittel. An diesem Abend hatte ich wieder keinen Appetit und brachte nur ein halbes Butterbrot runter.

Der nächste Tag im Krankenhaus verlief nach Aussage des Stationsarztes zufriedenstellend. Er meinte, wenn es mir morgen früh gut gehe, könne ich schon entlassen werden. Zwar stehe noch eine Untersuchung bei einem Hals-Nasen Ohrenarzt auf dem Plan, aber die könnte ich auch zu Hause machen lassen. Die Nase ist zwar gebrochen, aber hier kann man sowieso nicht viel machen, denn dies verheilt normalerweise von selbst. Durch die Krankenschwester lies ich meiner Frau ausrichten, dass ich wohl am nächsten Tag entlassen werde. Sie und auch mein Sohn mussten ja auch das Ganze organisieren. Mein Sohn musste unbedingt mitkommen, da meine Frau sich außerstande fand, mich selbst allein abzuholen. Der Tag verging für mich aber viel zu langsam, denn ich wollte unbedingt so schnell es geht nach

Hause. Weinkrämpfe überkamen mich immer wieder. Zum Einschlafen bekam ich wieder ein Schlafmittel, sodass die Nacht doch einigermaßen gut verlief.

Schon gegen 11:00 Uhr am nächsten Tag, dem 30. Mai 2006, wurde ich von meinem Sohn und meiner Frau am Krankenhaus Waldsassen abgeholt. Mir taten zwar noch der Kopf und der Nasenbereich sehr weh, aber hier musste ich das Ganze wegen meiner Entlassung etwas beschönigen. Auf dem Nachhauseweg wurde sehr wenig gesprochen, denn ich war wegen der Vorkommnisse noch sehr verwirrt. Meiner Frau war eine kleine Erleichterung anzusehen, denn sie machte sich wohl die meisten Sorgen. Noch am gleichen Tag meldete ich mich telefonisch beim Kriminal- Kommissariat in Coburg und schilderte kurz den Vorfall. Eine persönliche Vorsprache wurde für den 1. Juni 2006 ausgemacht. Von meiner Mercedes Visa Karte forderte ich auch gleich eine Aufstellung bei der Bank an, denn dies lag mir in diesem Augenblick besonders am

Herzen. Auch wegen meiner Handynummer ließ ich mir sogleich eine aktuelle Abrechnung durchgeben. Gott sei Dank, es wurde mit meiner SIM Karte nicht telefoniert und mittlerweile war sie ja schon längst gesperrt.

Der aufgesuchte Augenarzt in Coburg diagnostizierte eine Glaskörpertrübung nach einer Augapfelprellung. Natürlich musste mir auch noch eine neue Brille angepasst werden. Der Augenarzt hatte übrigens auch schon von verbrecherischen tschechischen Gruppen gehört. Er berichtet mir, dass vor kurzem in einer tschechischen Stadt eine Frau auf offener Straße gefunden wurde, der eine Niere herausgeschnitten worden war. Für solche Organe werden auf dem Schwarzmarkt um die 5 000.- Euro gezahlt.

Da ich schon einmal in Coburg war, ging ich auch noch gleich zu einem Hals-Nasen- Ohrenarzt. Der stellte einen Nasenbeinbruch fest und meinte, es muss nicht operiert werden. Die Nase richtete er so einigermaßen und fixierte sie mit Pflastern. Das mittlerweile verkrustete Blut im inneren der Nase löste sich erst so nach und nach.

Mittlerweile hatte ich auch schon Post von meiner Visa-Karten-Bank, wo genau 45 Abhebeversuche verzeichnet waren. Diese wurden am Überfall- und an den darauffolgenden Tag in Cheb, Karlsbad und Waldsassen in Banken und auch in Ladengeschäften verübt. Da ich schon vorher den Gesamtverfügungsrahmen meiner VISA Karte von 10 000.- DM auf 1.000.- DM begrenzen lies, konnten die Verbrecher nur gut 560.- Euro abheben. Ihre Gesamtversuche beliefen sich aber auf genau 8 885,06 EURO.

Am 1. Juni 2006 war ich zur Kriminalpolizei nach Coburg bestellt. Das war wohl einer meiner schwersten Gänge, denn hier musste ich alles Ertragene für das Protokoll haargenau erzählen. Weinkrämpfe begleiteten meine Aussagen, aber der Kriminalkommissar hatte Verständnis für meine Situation. Es wurde -wie üblich in solchen Fällen- ein Antrag gegen Unbekannt gestellt. Die gesamte

Vernehmung dauerte gut zwei Stunden. Es blieb aber trotzdem vieles im Argen, da ich ja fast 15 Stunden durch die KO Tropfen außer Gefecht war.

Auch wahrscheinlich durch die Vernehmung und Schilderung bei der Kriminalpolizei, ging es mir am nächsten Tag sehr schlecht. Ein nochmaliger Besuch bei meinem Hausarzt war unbedingt nötig. Nur durch einige Spritzen gelang es ihm, mich wieder etwas aufzubauen. Beim Arzt brachte ich fast kein Wort heraus, weil mich immer wieder Weinkrämpfe überkamen. Der Doktor schrieb mich für weitere zwei Wochen krank. Auch meine geschwollenen Augen und das Gesicht zeigten ihm die Härte dieses Überfalles.

Mittlerweile kam auch schon die Rechnung vom Krankenhaus in Waldsassen über ca. 2.500.- Euro. Es war auch eine kurze Chefarztvisite mit aufgeführt. Da ich zwar privat krankenversichert war, aber ohne Chefarztbehandlung, stellte ich einen Antrag auf Kulanz. Dieser wurde abgeschmettert mit der Begründung, dass meine Frau und auch ich die Wahlleistungen mit Chefarztbehandlung unterschrieben hatten. Es nutzte auch nichts, das ich angab dem Behandlungstext nicht lesen konnte, da meine Brille ja bei dem Überfall mit kaputt ging. So blieb ich selbst auf etwa 500,- Euro Unkosten sitzen. Aber es sollte noch schlimmer kommen, denn mein Handyvertrag des gestohlenen Handys lief noch bis Januar des nächsten Jahres. Auch diesen musste ich erfüllen, obwohl ein Verbrechen vorlag. Den Neuvertrag schloss ich dabei wieder beim gleichen Anbieter ab, in der Hoffnung, dass sie mir doch noch entgegenkommen, aber sie blieben hart.

Mit einem Brief an die Botschaft der BRD in Prag, bat ich näheres zu dem Überfall zu erfahren und um Übersetzungen ins Deutsche zu bekommen. Zwar hatte meine Frau zu diesem Zeitpunkt eine tschechische Arbeitskollegin, die schon mehrfach Berichte übersetzte, aber ich wollte dies nicht weiter ausnutzen. Es klappte mit der Botschaft recht gut und so konnte ich wenigstens, die Schreiben der Kriminalpolizei von Tschechien und den Bericht des Rettungsdienstes nach der Übersetzung auch bei der Kriminalpolizei in Coburg in deutsch vorlegen.

Um nichts unversucht zu lassen, traf ich mich am 3. Juni 2006 mit einem Rechtsanwalt in Coburg. Er konnte mir aber nicht helfen, da er im Ausland, wo sich ja das Verbrechen abspielte nicht zuständig war. Sicherlich war ich enttäuscht, aber so war es eben. Auch die HUK Versicherung wäre an einer Akteneinsicht durch einen Rechtsanwalt interessiert, da sie ja für die gestohlenen Sachen durch die Hausratsversicherung aufzukommen hatte. Der Coburger Rechtsanwalt gab mir aber den Tipp, mich an einem Rechtsanwalt in Grenznähe nach Tschechien zu wenden. So machte ich einen in Marktredwitz ausfindig, mit der Bitte vorher die Unkostenübernahme meiner Rechtsschutzversicherung bei der HUK in Coburg abzuklären. Sie sagten ihre Beteiligung bis 150.- Euro spontan zu, damit er in Sache Akteneinsicht tätig werden konnte.

Mittlerweile sagte mir die HUK Hausratsversicherung zu, den entstandenen Sachschaden von insgesamt 800.- Euro zu ersetzen. Der belief sich auf ein Handy, Regenschirm, Tschechen-Rolex-Uhr, Bargeld und noch ein paar Kleinigkeiten.

Ende Juli 2006 stellte ich bei der Regierung von Oberfranken einen Antrag in Bezug auf das Deutsche Opferentschädigungsgesetz. Eine schnelle Antwort kam postwendend mit der Absage und der Begründung, dass die Tat in Tschechien und somit nicht im Geltungsbereich des OEG liege.
Dann doch noch ein Wehrmutstropfen, den die Mercedes Bank von meiner Visa Karte, hat mir das gesamte gestohlene Geld in Höhe von 560.- Euro anstandslos ersetzt. Auch die HUK ersetzte mir den über die Hausratversicherung entstanden Schaden durch den Raub anstandslos.
Anfang August übergibt die

Staatsanwaltschaft Coburg das Ermittlungsverfahren an die Staatsanwaltschaft Weiden in Bezug auf Computerbetrug ab. Mittlerweile wurde ja hauptsächlich nur noch über dem Missbrauch meiner Kreditkarte ermittelt. Wahrscheinlich war auch der Staatsanwaltschaft fast klar, dass eine räuberische Gruppe, die für den Überfall und die Körperverletzung verantwortlich war, wohl kaum ermittelt werden konnten. Angeblich sind Überfälle auf ausländische Touristen und vor allem Geschäftsleute in Tschechien und hier vor allem in Cheb an der Tagesordnung. Schon Ende August gibt die Staatanwaltschaft Weiden bekannt, dass das Ermittlungsverfahren gegen Unbekannt vorläufig eingestellt wurde, es aber, wenn es etwas Neues gibt, wieder aufgenommen werde. Was soll ich hierzu sagen, ich dachte mir nur, dass denen wohl nicht sehr viel an einer Aufklärung des Falles liege.

Da mir die 1,52 Promille Alkohol nicht aus dem Kopf ging, schrieb ich am noch einmal das Krankenhaus in Waldsassen an. Hier wurde mir schriftlich mitgeteilt, das verabreichte KO Tropfen wohl der Auslöser für diesen hohen Wert sein müssten. Sicherlich konnte ich mich nach der Aussage wieder etwas beruhigen, denn ich möchte nicht als Trinker da stehen, da ich auch sonst kaum Alkohol trinke.

Am 13. September 2006 bekam ich wieder Post von der Kriminalpolizei Cheb über die Kriminalpolizei in Coburg, dass ein Strafverfahren gegen eine Frau Klemparova aus der Nähe von Cheb eingeleitet wurde.

Es dauerte noch ein paar Tage, ehe ich Mitte Oktober wieder zur Kriminalinspektion nach Coburg bestellt wurde. Es ging bei diesem Treffen um die Erkennung von Personen auf den übersanden Lichtbildern von der Staatsanwaltschaft Waldsassen. Die Bilder von verschiedenen, wohl tschechischen Mädchen, wurden von einer Überwachungskamera einer Bank in Waldsassen gemacht. Die Kriminalpolizei fand durch den Zeitpunkt der mehrmaligen Versuche heraus, dass die Personen im Schaltervorraum meine gestohlene Visa Karte benutzten. Die Qualität der Fotos war natürlich sehr schlecht, aber ich erkannte keine der Mädchen, auch nicht welche die mich wohl am besagten Abend im Restaurant in Cheb beim Abendessen bedient hatten. Es gebe nach Aussage des Kriminalkommissars auch einen Film von der Überwachungskamera der Bank von Waldsassen. Aber der lag leider nicht vor. Hier geht es auch um Menschenrechte, denn auf einem Film sind ja mehrere Stunden aufgezeichnet und hierbei jede Menge unbeteiligte Kunden zu sehen.

Jetzt bekam ich wieder Post vom Rechtsanwalt aus Marktredwitz, dass es nicht zur Akteneinsicht seinerseits kam und er sich auch nicht mit der tschechischen Rechtsprechung auskenne. Er legte auch hiermit sein Mandat nieder, was mich traurig machte. Am 20. März 2007 bekam ich eine Einladung vom Kreisgericht in Cheb zur Aussage als Zeuge im Strafverfahren gegen eine Frau Klemparova am 18. Mai

2007. Einerseits freute es mich sehr, dass wohl endlich jemand seine Strafe bekommen sollte, aber natürlich war es mir auch mulmig, noch einmal nach Cheb einreisen zu müssen. Die Ladung bekam ich in zweifacher Ausfertigung, einmal im Original in Tschechisch und einmal das Ganze in Deutsch übersetzt.

So wandte ich mich auch an die Ausländerbehörde des Landratsamtes Coburg und bat um eine Begleitperson. Dies wurde mit der Aussage abgelehnt, dass sich verbrecherische Gruppen normalerweise am Tag nicht zeigen. Auch würden sie auch als Zuschauer nicht ins Gericht kommen, um sich nicht verdächtig zu machen oder eben aufzufallen. So war ich nun in der Zwickmühle, denn eine Zeugenaussage ist eine gesetzliche Pflicht, wie es in der Vorladung hieß. Die Wichtigkeit der Ladung machte auch das Siegel des Schreibens aus. Eine Chance hatte ich noch und somit schrieb ich auch das Gericht in Cheb an, mit der Bitte mich an der Grenze abzuholen. Hier rechnete ich mir schon eine reelle Chance aus, dass dies klappt, aber auch dies wurde abgelehnt.

Schon Tage vor der Gerichtsverhandlung hatte ich Alpträume und wachte öfters schweißgebadet in der früh auf. Dann endlich kam mir eine Idee. So fragte ich den stärksten meiner Arbeitskollegen, einen zwei Meter Mann, ob er mich wohl nach Cheb begleiten könnte. Gott sei Dank sagte er zu, nachdem ich ihn über die Angelegenheit weiter aufgeklärt hatte.

Es kam der Tag, Freitag der 18. Mai 2007 wo wir uns mit seinem Pkw zu zweit auf dem Weg nach Cheb machten. Dass es auf der Fahrt sehr ruhig und angespannt zuging kann man wohl verstehen. Wir hatten beide keine Erfahrungen mit Gerichtsverhandlungen und kannten diese nur aus dem Fernsehen. Ich malte mir aus, dass sich eventuell einige Verbrecher oder deren Mittelsmänner unter die Zuschauer mischen würden. Das Gerichtsgebäude war leicht zu finden und wir waren schon viel zu bald angekommen. Schnell entschlossen wir, doch noch etwas zu Essen, denn die Verhandlung sollte ja erst um 13:00 Uhr beginnen. Schnell fanden wir eine Imbissbude wo es Currywürste gab. Dazu tranken wir je eine Flasche Cola. Mittlerweile hatte ich gelernt, keine offenen Getränke mehr in Tschechien zu konsumieren, da die Gefahr von KO Tropfen verabreicht zu bekommen überall sehr groß sei.

Schon eine halbe Stunde vor dem bestellten Termin nahmen wir direkt vor dem zugewiesenem Verhandlungszimmer Platz. Ein mulmiges Gefühl überkam mich hier auch wieder, denn es könnte ja sein, dass die Verbrecher plötzlich auftauchen und uns einfach zusammenschlagen würden. Etwas ruhiger wurde ich, als eine Frau mit ihrer Tochter zwei Bänke weiter Platz nahmen. Sie hatten ein paar große Taschen dabei in denen wohl Radio oder Kassettengeräte, sowie weitere Elektrokleingeräte waren. Wir konnten uns beide kein Bild machen, was die hier wollten. Erst nach der Verhandlung stellte sich heraus, es war die Angeklagte mit ihrer Mutter. Sie wollten ihre mitgebrachten Sachen für ihre bevorstehende Strafe eintauschen, da beide mittellos waren.

Langsam kam Leben in den Flur und auch ein paar schwarz gekleidete Herren betraten den Gerichtssaal. Jetzt spürte ich meinem Puls merklich höher schlagen, aber da wir ja zu zweit waren, fühlte ich mich fast sicher.
Das Mädchen wurde aufgerufen in den Gerichtssaal zu kommen. Es dauerte wohl etwa zehn lange Minuten, bis uns eine Frau ansprach, ob wir die Zeugen aus Deutschland seien. Als wir dies bestätigten, stellte sie sich als meine Dolmetscherin vor. Dann ging alles sehr schnell und wir wurden in die Verhandlung gebeten. Mein Kumpel nahm im Zuschauerraum Platz. Er war übrigens der einzigste Zuschauer was mich zuerst etwas wunderte, denn vom Fernsehen her kennt man ja volle Zuschauerränge. Die Dolmetscherin erklärte mir, dass sich verbrecherische Gruppen hier nicht sehen ließen, da sie sich sonst gleich verdächtig machen würden. Zuerst wurde ich natürlich nach meiner Herkunft und den persönlichen Daten befragt. Dann wurde es ernst.

Neben dem Richter waren nur noch zwei weitere Personen auf der Richterbank. Etwas weiter saßen wohl der Staatsanwalt und der Verteidiger der Angeklagten.

Als mich der Richter fragte ob ich jemanden im Gerichtssaal wiedererkennen würde, schaute ich mich um und sagte aus, dass ich neben meinem Bekannten keine weitere Person schon einmal gesehen habe. Als er mich auf die Angeklagte ansprach, konnte ich auch keine andere Aussage machen. Da ich von dem Überfall nach der Einnahme der KO Tropfen kaum etwas aussagen konnte, wurde ich nur nach den Stunden kurz vorher befragt.

Jetzt erklärte der Staatsanwalt, dass die Angeklagte wohl wegen unerlaubten Kreditkartenbesitz und Anwendung hier vor Gericht stehe. Jetzt musste sie auch noch einmal schildern, wie sie zu meiner Visa Karte kam. Sie meinte ich hätte sie ihr gegeben um einen Liebeslohn mit ihr abrechnen zu können. Natürlich war dies gelogen und ich merkte erst jetzt dass sie eine Prostituierte war. Natürlich bestritt ich durch meine Dolmetscherin ihre Aussage und bezeichnete das Ganze als große Lüge. Sie wurde auf die Fotos und dem Film der Überwachungskamera von der Bank in Waldsassen angesprochen, worauf sie jetzt doch recht gut erkennen war. Da ich nun nicht mehr gebraucht wurde, nahm mich meine Dolmetscherin mit hinaus und wir gingen zur Abrechnungsstelle wo es Zeugengeld gab. Dieses sowie das Benzingeld übergab ich natürlich meinem Begleiter.

Erst ein paar Tage später habe ich durch die Kriminalpolizei in Coburg erfahren, dass die Angeklagte vom Gericht zu 9 Monaten auf Bewährung verurteilt wurde. Außerdem dürfe sie 5 Jahre nicht mehr nach Cheb einreisen. Das Urteil lautete über unerlaubten Kreditkartenbesitz und Anwendung, sowie von deren Raub.

Natürlich versuchte auch meine Dienststelle über das Landesamt der Finanzen nach Regressierung von Dienstausfallkosten geltend zu machen. Da aber die verurteilte aus Tschechien mittellos war, gab es hier nichts zu holen.

Vielleicht kann sich Jeder vorstellen, dass die Verarbeitung dieses Vorfalles bei mir noch lange andauerte. Es gab sogar Nächte wo ich schweißgebadet aufwachte und wie wild in der Wohnung umherlief. Die Bilder wie ich nach dem Überfall ausgesehen habe, blieben mir noch sehr lange im Gedächtnis, weshalb ich auch diese Geschichte hiermit zum Abschluss aufgeschrieben habe. Es ist nur gut gewesen, dass ich vom direkten Überfall überhaupt nichts mitbekommen hatte, denn dies wären wohl noch schrecklichere Bilder. Es wäre auch etwas erreicht, wenn die Leser dieser Geschichte auch etwas vorsichtiger werden würden und möglichst nicht allein nach Tschechien reisen.

Herstellung und Verlag:
BoD - Books on Demand, Norderstedt
ISBN 978-3-7357-4213-1